Inhalt

Luftverkehr - mehr Passagiere fliegen in weniger Maschinen

Kernthesen

Beitrag

Fallbeispiele

Zahlen und Fakten

Weiterführende Literatur

Impressum

GENIOS BranchenWissen Nr. 07 vom 02.07.2013

Luftverkehr - mehr Passagiere fliegen in weniger Maschinen

Markus Hofstetter

Kernthesen

- Die Deutsche Flugsicherung hat in den vergangenen Monaten einen Rückgang bei den Flugbewegungen verzeichnet.
- Während die Zahl der an- und abfliegenden Passagiere im Auslandsverkehr steigt, sinkt sie im Inlandsverkehr.
- An den vier größten deutschen Airports sinkt die Zahl der Starts und Landungen, aber die Zahl der Passagiere steigt.

Beitrag

Die Boom-Jahre im Flugverkehr sind vorbei

Laut der Deutschen Flugsicherung (DFS) sind 2012 die Flugzahlen im deutschen Luftraum erstmals seit dem Krisenjahr 2009 zurückgegangen. Demnach ist die Zahl der Flüge im Vergleich zum Vorjahr um 2,2 Prozent auf rund 2,99 Millionen gesunken. Im Rekordjahr 2008 waren es noch 3,15 Millionen Flüge.

Der Flugverkehr wird in Deutschland laut der Flugsicherung auch in diesem Jahr nicht wachsen. Die Zahl der Flugbewegungen soll 2013 wie schon im Vorjahr bei etwa drei Millionen liegen. Der Auftakt ist auch wegen des harten Winters schwach gewesen. Im ersten Quartal 2013 lag die Zahl der Flüge um 4,7 Prozent unter dem Vorjahresniveau. Laut DFS sind neben dem Wetter auch die Sparpläne der beiden großen deutschen Fluggesellschaften Air Berlin und Lufthansa für das Minus verantwortlich. So kappte die Lufthansa im Winter ihre Flugkapazitäten um drei Prozent.

Auch die mittelfristigen Aussichten sind verhalten. Statt vier bis fünf Prozent mehr Flüge pro Jahr wie seit Anfang der neunziger Jahre erwartet die DFS in

Zukunft lediglich einen Zuwachs von einem bis 1,5 Prozent. Die moderate Steigerung betrifft sowohl Kurz- als auch Langstreckenflüge. (1), (2), (3)

Die Zahl der Passagiere im Auslands- und Inlandsverkehr entwickelt sich gegensätzlich

Trotz weniger Flugbewegungen ist die Zahl der Fluggäste laut dem Statistischen Bundesamt 2012 insgesamt um 1,9 Prozent auf 178,5 Millionen an- und abfliegende Passagiere an den Flughäfen gestiegen. Dabei haben sich Auslands- und Inlandsverkehr gegensätzlich entwickelt.

Im Auslandsverkehr wurde ein Rekord von insgesamt 155,1 Millionen Passagieren erzielt. Dies entspricht einem Plus von 2,8 Prozent gegenüber dem Vorjahr. Im Vergleich zu anderen Kontinenten erzielte der Europaverkehr mit zwei Prozent das geringste Plus. Das Aufkommen der Fluggäste in die Europäische Union (EU) wuchs nur um 1,1 Prozent. Hier dürfte die Rezession in vielen Euro-Ländern eine Rolle gespielt haben. Deutlich zugelegt hat der Flugverkehr mit der Türkei mit plus 5,9 Prozent und mit dem europäischen Teil Russlands mit plus 9,9 Prozent. Beliebtestes Reiseland war wieder Spanien, obwohl die Zahl der Fluggäste mit Ziel oder Herkunft Spanien leicht um 0,4 Prozent auf 21,9 Millionen sank. Ein überdurchschnittliches Wachstum gab es mit 5,3 Prozent im Interkontinentalverkehr. Besonders kräftig ging es hier mit 13,4 Prozent in Afrika aufwärts. Das Passagieraufkommen nach Ägypten stieg um 23 Prozent, nach Tunesien erhöhte es sich sogar um gut 43 Prozent. Ein Grund dafür ist der Einbruch in beiden Ländern aufgrund der Krisensituationen im Arabischen Frühling. 2011 waren die Fluggastzahlen für Ägypten um 28,1 Prozent und für Tunesien um 35,3 Prozent zurückgegangen. Der Verkehr mit Amerika legte im vergangenen Jahr um 2,4 Prozent zu. Während US-Destinationen um 1,8 Prozent zunahmen, kletterten Verbindungen mit Brasilien um elf Prozent.

Der Inlandsverkehr hingegen reduzierte sich um 3,7 Prozent auf 23,5 Millionen Passagiere. Verluste gab es vor allem auf kleinen Flughäfen. Diesen Effekt hatten die Statistiker schon 2011 festgestellt, wofür sie unter anderem auch die neu eingeführte Luftverkehrssteuer verantwortlich machen. Bei Inlandsflügen fällt diese Abgabe doppelt an, nämlich für Hin- und Rückflug, bei Auslandsreisen nur einmal. Die Steuer führt damit bei Niedrigpreisangeboten zu höheren Preissteigerungen. Neben der Luftverkehrssteuer sind auch die langen und teuren An- und Abfahrten für den Rückgang verantwortlich. Im innerdeutschen

Verkehr sind zudem Fluggäste auch auf die Bahn umgestiegen. (4), (5)

Die Low-Cost-Carrier verzeichnen Gewinne während die Netzwerk-Carrier rote Zahlen schreiben

Die europäischen Fluggesellschaften stehen laut einer Studie der Unternehmensberatung Roland-Berger vor großen Veränderungen. Ursachen sind eine steigende Akzeptanz von Billiganbietern und Fluggesellschaften aus dem Nahen Osten, eine hohe Preissensitivität der Privat- und Geschäftskunden sowie verschärften Rahmenbedingungen wie Nachflugbeschränkungen und zusätzliche Sicherheitsvorschriften. Angesichts dieser Entwicklung sind in der Branche jedoch bereits umfassende Effizienz- und Restrukturierungsprogramme angelaufen.

Dementsprechend haben die Low-Cost-Carrier 2012 solide Wachstumsraten erzielt und gute Ergebnisse einflogen. So verdreifachte Spaniens Vueling den operativen Gewinn auf 33 Millionen Euro, Norwegian hielt ihn mit 54 Millionen Euro auf Vorjahresniveau, vervierfachte aber das Nettoergebnis auf 61 Millionen Euro. Die irische Ryanair erhöhte den Gewinn um rund fünf Prozent auf 718 Millionen Euro.

Deutschlands zweitgrößte Fluggesellschaft Air Berlin ist erstmals seit fünf Jahren wieder in der Gewinnzone gelandet, allerdings nur dank des Verkaufs ihres Vielfliegerprogramms für 184,4 Millionen Euro an den Großaktionär Etihad. Der Umsatz des Lufthansa-Rivalen stieg leicht auf 4,31 Milliarden Euro, der Nettogewinn belief sich auf 6,8 Millionen Euro.

Die großen Netzwerk-Carrier dagegen haben zu Kämpfen. Neben Faktoren, wie dem Siegeszug der Low-Cost-Carrier im innereuropäischen Punkt-zu-Punkt Verkehr und den daraus resultierenden Kosten- und Ertragsproblemen, schlägt laut IATA (International Air Transport Association) vor allem die Krise der Eurozone bei ihnen zu Buche. 2012 steigerte die Lufthansa den Umsatz im Bereich Passage und Logistik, ohne die Bereiche Catering, IT und Technik, trotz des Verkaufs der defizitären BMI um 4,9 Prozent auf rund 26,3 Milliarden Euro. Der operative Gewinn brach hingegen um zwei Fünftel auf 362 Millionen Euro ein. Zustande gekommen ist der operative Gewinn vor allem dank Swiss, die ein Plus von 191 Millionen Euro erwirtschaftete. Das ist zwar mehr als ein Viertel weniger als 2011, aber weiterhin das mit Abstand beste Ergebnis aller Lufthansa-Konzern-Airlines. Austrian Airlines (AUA) war nur aufgrund des Einmaleffektes durch den Betriebsübergang auf Tyrolean mit 65 Millionen Euro positiv, ohne wäre es minus elf Millionen Euro gewesen. Lufthansa selbst, inklusive Germanwings, steuerte mit 17,26 Milliarden Euro zwei Drittel des Umsatzes von Passage und Cargo des Konzerns bei. Das Ergebnis hingegen war mit minus 45 Millionen Euro tiefrot. Wie generell bei allen europäischen Netzwerk-Carriern spielt hier das defizitäre Europageschäft eine Rolle.

Schwer ins Trudeln geraten ist auch die International Airlines Group (IAG). Von plus 407 Millionen Euro operativem Gewinn 2011 stürzte sie auf einen Verlust von 613 Millionen Euro ab. Doch während British Airways Dank der Dominanz ihrer Langstrecke mit 295 Millionen Euro positiv blieb, riss das spanische Sorgenkind Iberia mit minus 896 Millionen Euro operativem Verlust ein gigantisches Loch in das Ergebnis. Für dieses Jahr hofft man in der IAG, den Iberia-Verlust wieder auf das Niveau von vor zwei Jahren drücken zu können. 2012 hat Air France/KLM der Nettoverlust um fast die Hälfte auf knapp 1,2 Milliarden Euro vergrößert. Dabei hat Air France den operativen Verlust im Vergleich zu 2011 um ein Sechstel auf 300 Millionen Euro verringert. (6), (7), (8), (9), [Abb. 1], [Abb. 2]

Flughäfen fertigen mehr

Passagiere in weniger Maschinen ab

Für 2012 zählte der Flughafenverband ADV insgesamt 201 Millionen Passagiere auf den deutschen Flughäfen. Dies entspricht einem Plus von ein Prozent gegenüber dem Vorjahr. Dabei gewannen Frankfurt, München, Düsseldorf und Berlin dazu. Kleinere Flughäfen wie Erfurt, Münster, Paderborn und Nürnberg gingen leer aus. Der ADV erwartet 2013 für die 22 internationalen Verkehrsflughäfen Deutschlands nur noch ein Passagierwachstum von 0,4 Prozent. Im aktuellen Flugplan erwartet der Verband 6,2 Prozent weniger Flüge. (7), (9)

Wie lief es bei den vier größten deutschen Flughäfen 2012? Trotz der Luftverkehrsflaute zum Jahresende hat der Flughafen Frankfurt 2012 einen neuen Passagierrekord geschafft. 57,5 Millionen Fluggäste und damit 1,9 Prozent mehr als 2011 nutzten die Drehscheibe in Frankfurt. Trotz der zusätzlichen Landebahn, die erstmals über ein volles Jahr zur Verfügung stand, sank die Zahl der Flugbewegungen um ein Prozent auf 482 242 Starts und Landungen. Fraport machte dafür unter anderem Streiks, die sinkende Nachfrage nach Frachtflügen und die im Zuge der europäischen Wirtschaftskrise stark ausgedünnten Flugpläne verantwortlich.

Auch der Münchner Flughafen verbuchte mit 38,4 Millionen Passagieren 2012 einen Rekord. Dies waren 1,6 Prozent mehr als im Vorjahr. Die Zahl der Starts und Landungen ging um 2,9 Prozent auf 398 000 zurück. Der Flughafen begründete den Rückgang damit, dass die Fluggesellschaften größere Maschinen eingesetzt hätten, und somit trotz weniger Flugbewegungen mehr Fluggäste transportieren konnten.

Der Düsseldorfer Flughafen hat 20,8 Millionen Fluggäste abgefertigt. Dies war ein Plus von 2,4 Prozent gegenüber dem Vorjahr und mehr als jemals zuvor. Dennoch war die Zahl der Starts und Landungen um 1,2 Prozent auf 217 000 gesunken.

Auch der Luftverkehrsstandort Berlin verzeichnete mit knapp 25,3 Millionen Passagieren an den Flughäfen in Tegel und Schönefeld einen neuen Rekord. Das waren 5,1 Prozent mehr als im Vorjahr. Insgesamt gab es fast unverändert knapp 243 000 Starts und Landungen. Am größeren Standort Tegel war 2012 deutlich mehr los als im Vorjahr. Dort stieg die Zahl der Passagiere um 7,4 Prozent auf 18,16 Millionen, die der Flugbewegungen um ein Prozent. Der nicht halb so große Airport Schönefeld registrierte 2012 dagegen etwa 0,2 Prozent weniger Gäste als im Vorjahr, knapp 7,1 Millionen. (10), (11),

(12), (13), [Abb. 3]

Fallbeispiele

Lufthansa wird Premium-Economy einführen

Bis 2014 will die Lufthansa in allen Langstreckenjets die neue Premium-Economy-Class einführen. Noch befindet sich der Sitz in der Entwicklung. Auch am Preissystem wird gebastelt. 2014 soll das neue Produkt auf der Internationalen Tourismus-Börse ITB vorgestellt werden.

Bis es so weit ist, sollen die Lufthansa-Kunden in den anderen Premium-Klassen Platz nehmen. Um speziell die First Class zu promoten, hat die Lufthansa einen separaten Tarif entwickelt. Er ist auf gut 30 Langstrecken verfügbar und 40 Prozent günstiger als der reguläre. Der "First Saver Plus"-Tarif bietet an Bord und Boden denselben Service wie der bekannte First-Class-Tarif. Passagiere sind aber bezogen auf die Buchung selbst weniger flexibel. Eine Stornierung kostet zudem 400 Euro. (15)

Norwegian bietet mehr Flüge von Deutschland aus

Norwegian will ihr Streckennetz von deutschen Flughäfen aus stark erweitern. Flog sie bisher nur nach Skandinavien, will sie die Deutschen von November 2013 an verstärkt in den Süden transportieren. Dann geht es von München, Hamburg und Köln/Bonn nach Spanien und auf die Kanaren. Im kommenden Jahr soll Mallorca angeflogen werden. Weitere Mittelmeerziele und London sollen hinzukommen. Hin-und-Rückflugtickets mit einem Koffer kosten im günstigsten Fall 80 Euro nach Alicante und Málaga und 120 Euro auf die Kanaren.

Das ist ein Frontalangriff auf die deutschen Gesellschaften wie die angeschlagene Air Berlin. Aber auch Tuifly und Germanwings werden betroffen sein, da sie ebenfalls nicht günstiger sind. (16)

Zahlen & Fakten

Abbildung 1: Die größten Fluggesellschaften weltweit

- nach Umsatz

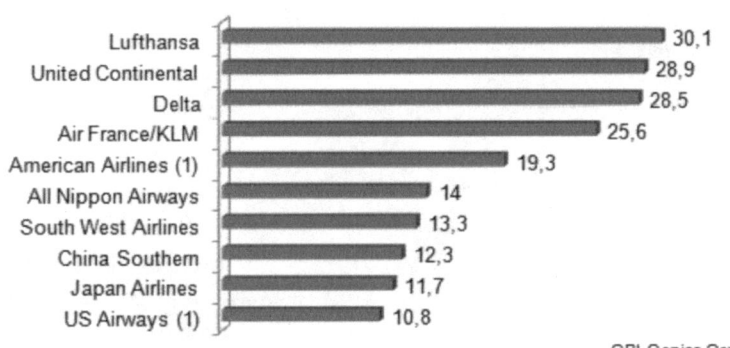

Entnommen aus: Frankfurter Allgemeine Zeitung, 141/2013, S. 22, (14)

Abbildung 2: Die größten Fluggesellschaften weltweit - nach Passagieren

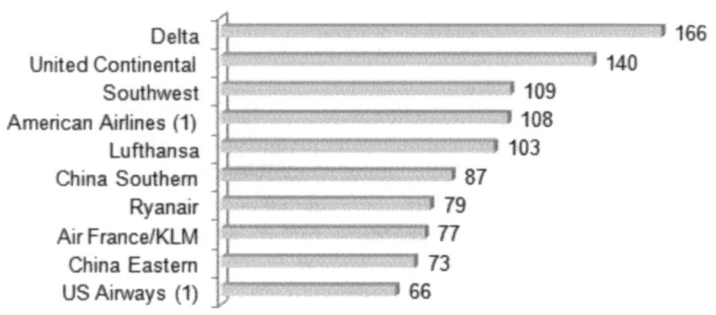

Entnommen aus: Frankfurter Allgemeine Zeitung, 141/2013, S. 22, (14)

Abbildung 3: Große Airports mit mehr Passagieren

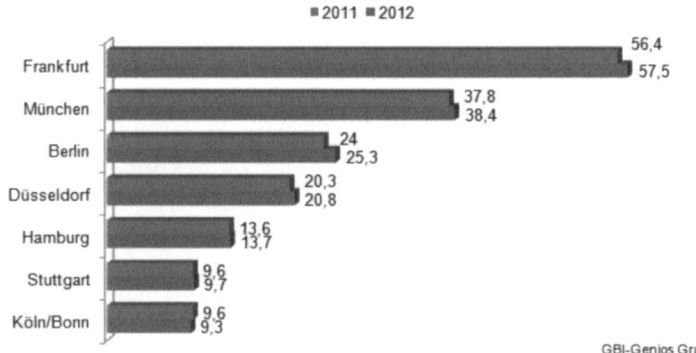

Entnommen aus: Frankfurter Allgemeine Zeitung,

119/2013, S. 19, (11)

Weiterführende Literatur

(1) Der Boom ist wohl vorbei
aus Darmstädter Echo, 27.03.2013

(2) Flugverkehr stagniert in diesem Jahr
aus Handelsblatt Nr. 061 vom 27.03.2013 Seite 014

(3) Weniger Flüge über Deutschland
aus Welt kompakt Nr. 106 vom 05.06.2013 Seite 21

(4) Weniger Fluggäste am Himmel über Deutschland
MOBILITÄT Der innerdeutsche Flugverkehr
schrumpft. Grund dafür ist auch die Ticketabgabe
aus taz, 10.04.2013, S. 08

(5) Auslandsverkehr deutscher Airport mit
Passagierrekord
aus Handelsblatt online vom 25.02.2013

(6) Flugverkehr in Europa: Markt im Umbruch
aus MOTOR-INFORMATIONS-DIENST vom 21.Mai 2013

(7) LH trudelt, Rest tief rot
aus Tourismuswirtschaft Austria & International
Nr.2149/2013 vom 22.03.2013, Seite ALL
Titelseite"T.A.I." Nr. 2149/2013 vom 22.03.2013 Seite: 1

(8) Luft an Europas Low Cost-Spitze wird dünner
aus Tourismuswirtschaft Austria & International
Nr.2158/2013 vom 24.05.2013, Seite AIR air, rail, road, sea"T.A.I." Nr. 2158/2013 vom 24.05.2013 Seite: 3

(9) Air Berlin landet in der Gewinnzone
aus manager-magazin.de vom 22.02.2013

(10) Frankfurter Flughafen schafft Passagierrekord
aus manager-magazin.de vom 15.01.2013

(11) In der deutschen Provinz gibt es zu viel Platz für Flugzeuge
aus Frankfurter Allgemeine Zeitung, 25.05.2013, Nr. 119, S. 19

(12) Weniger Gewinn bei Rekordumsatz
aus Aachener Nachrichten vom 10.04.2013, Seite 7

(13) Erstmals mehr als 25 Millionen Passagiere
aus www.tagesspiegel.de vom 13.01.2013 20130113

(14) Vier Dollar Gewinn je Fluggast
aus Frankfurter Allgemeine Zeitung, 21.06.2013, Nr. 141, S. 22

(15) Lufthansa arbeitet an neuer Premium Economy
aus fvw Nr. 06 vom 13.03.2013 Seite 021

(16) Die neue Billig-Airline
aus Frankfurter Allgemeine Sonntagszeitung, 26.05.2013, Nr. 21, S. 27

Impressum

Luftverkehr - mehr Passagiere fliegen in weniger Maschinen

Bibliografische Information der deutschen Nationalbibliothek

Die Deutsche Nationalbibliothek verzeichnet diese Publikation in der deutschen Nationalbibliografie; detaillierte bibliografische Daten sind im Internet über http://dnb.d-nb.de abrufbar.

ISBN: 978-3-7379-3010-9

© 2015 GBI-Genios Deutsche Wirtschaftsdatenbank GmbH, Freischützstraße 96, 81927 München, www.genios.de

Alle Rechte vorbehalten. Dieses Werk ist einschließlich aller seiner Teile – z.B. Texte, Tabellen und Grafiken - urheberrechtlich geschützt. Jede Verwertung außerhalb der Grenzen des Urheberrechtsgesetzes bedarf der vorherigen Zustimmung des Verlags. Dies gilt insbesondere auch für auszugsweise Nachdrucke, fotomechanische Vervielfältigungen (Fotokopie/Mikroskopie), Übersetzungen, Auswertungen durch Datenbanken oder ähnliche Einrichtungen und die Einspeicherung und Verarbeitung in elektronischen Systemen.